AUTODISCIPLINA

Dureza Mental Cómo Desarrollar Mentalidad De Guerrero, Autodisciplina Y Autoconfianza

(Aprender Maneras Reales De Construir El Autocontrol, La Disciplina Y La Confianza)

Azas Haro

Publicado Por Jason Thawne

© **Azas Haro**

Todos los derechos reservados

Auto-Disciplina: Dureza Mental Cómo Desarrollar Mentalidad De Guerrero, Autodisciplina Y Autoconfianza (Aprender Maneras Reales De Construir El Autocontrol, La Disciplina Y La Confianza)

ISBN 978-1-989891-19-3

Este documento está orientado a proporcionar información exacta y confiable con respecto al tema y asunto que trata. La publicación se vende con la idea de que el editor no esté obligado a prestar contabilidad, permitida oficialmente, u otros servicios cualificados. Si se necesita asesoramiento, legal o profesional, debería solicitar a una persona con experiencia en la profesión.

Desde una Declaración de Principios aceptada y aprobada tanto por un comité de la American Bar Association (el Colegio de Abogados de Estados Unidos) como por un comité de editores y asociaciones.

No se permite la reproducción, duplicado o transmisión de cualquier parte de este documento en cualquier medio electrónico o formato impreso. Se prohíbe de forma estricta la grabación de esta publicación así como tampoco se permite cualquier almacenamiento de este documento sin permiso escrito del editor. Todos los derechos reservados.

Se establece que la información que contiene este documento es veraz y coherente, ya que cualquier responsabilidad, en términos de falta de atención o de otro tipo, por el uso o abuso de cualquier política, proceso o dirección contenida en este documento será responsabilidad exclusiva y absoluta del lector receptor. Bajo ninguna circunstancia se hará responsable o culpable de forma legal al editor por cualquier reparación, daños o pérdida monetaria debido a la información aquí contenida, ya sea de forma directa o indirectamente.

Los respectivos autores son propietarios de todos los derechos de autor que no están en posesión del editor.

La información aquí contenida se ofrece únicamente con fines informativos y, como tal, es universal. La presentación de la información se realiza sin contrato ni ningún tipo de garantía.

Las marcas registradas utilizadas son sin ningún tipo de consentimiento y la publicación de la marca registrada es sin el permiso o respaldo del propietario de esta. Todas las marcas registradas y demás marcas incluidas en este libro son solo para fines de aclaración y son propiedad de los mismos propietarios, no están afiliadas a este documento.

TABLA DE CONTENIDO

PARTE 1 1

INTRODUCCIÓN 2

CAPÍTULO 1 – ¿QUÉ ES REALMENTE LA AUTODISCIPLINA?. 6

CAPÍTULO 2 – ¿TIENES LO QUE SE NECESITA? 10

CAPÍTULO 3 – LA VOZ MÁS ALTA QUE JAMÁS ESCUCHARÁS ES LA TUYA 14

CAPÍTULO 4 – ¡SÍ! TRABAJAN JUNTOS 21

CAPÍTULO 5 – SÉ UN MAESTRO EN ESTABLECER OBJETIVOS 25

CAPÍTULO 6 – ¡ACTÚA HOY! 32

CONCLUSIÓN 38

PARTE 2 39

INTRODUCCIÓN 40

CAPÍTULO 1 - MEJORA TU RUTINA DIARIA CON 5 CONSEJOS 44

CAPÍTULO 2 - EL VALOR DE APRENDER LA PACIENCIA 57

CAPÍTULO 3 - PRACTICA LA COMPASIÓN TODOS LOS DÍAS 66

CAPÍTULO 4 - EL EJERCICIO ES UN SALVAVIDAS 75

CAPÍTULO 5 - MEDITA TUS PROBLEMAS LEJOS 83

CAPÍTULO 6 - CAMBIA TUS HÁBITOS DE CONSUMO 92

CONCLUSIÓN 100

Parte 1

Introducción

Quiero agradecerte y felicitarte por descargar el libro.
Este libro contiene estrategias comprobadas para ayudarte a fortalecer tu autodisciplina un poco más cada día.
Muy a menudo enfrentas situaciones y tareas que sabes que son beneficiosas e importantes, pero no tomas las acciones necesarias para llevarlas a cabo. Ves que el tiempo pasa, y logras muy poco al final. Este tipo de cosas le ocurren frecuentemente a aquellos que carecen de autodisciplina y fuerza de voluntad.
Afortunadamente, la autodisciplina puede aprenderse y desarrollarse como cualquier otra destreza. Continúa leyendo porque compartiré contigo las formas comprobadas para adquirir y perfeccionar esta destreza.
Verás como estas cualidades marcarán una gran diferencia en tu vida. Descubrirás los hábitos que te impiden seguir adelante, como la procrastinación, el miedo, la pereza, y la falta de objetivos. Estarás en

camino a saber que estás teniendo más autodisciplina y fuerza de voluntad. Tener más de estas cualidades te hará destacar en la sociedad, y son necesarias para que te vaya bien en la vida.

Gracias de nuevo por descargar este libro, ¡Espero que lo disfrutes!

Este documento está orientado a proporcionar información exacta y confiable en relación con el tema y el asunto tratado. La publicación se vende con la idea de que el editor no está obligado a rendir cuentas, permisos oficiales o de otra manera, servicios calificados. Si el asesoramiento legal o profesional, es necesario, un individuo con experiencia en la profesión será enviado.

De ninguna manera es legal reproducir, duplicar o transmitir alguna parte de este documento por medios electrónicos o en formato impreso. La grabación de esta publicación está estrictamente prohibida, y no se permite el almacenamiento de este documento a menos que cuente con un permiso por escrito del editor. Todos los derechos están reservados.

La información proporcionada en este documento se declara veraz y consistente, ya que cualquier responsabilidad, en términos de falta de atención o de otro tipo, por el uso o abuso de cualquier política, proceso o dirección contenida en este documento es responsabilidad única y absoluta del lector receptor. Bajo ninguna circunstancia se tendrá responsabilidad legal o culpa alguna contra el editor por cualquier reparación, daño o pérdida monetaria debido a la información aquí contenida, ya sea directa o indirectamente.

Los autores respectivos son dueños de todos los derechos de autor que no posee el editor.

La información aquí contenida se ofrece únicamente con fines informativos, y es general como tal. La presentación de la información es sin compromiso de ningún tipo de garantía o seguro.

Las marcas comerciales que se utilizan no tienen ningún consentimiento, y la publicación de la marca comercial no tiene permiso o respaldo del propietario de la marca comercial. Todas las marcas comerciales y marcas de este libro son solo para fines de aclaración y pertenecen a los propios propietarios, que no están afiliados a este documento.

Capítulo 1 – ¿Qué es realmente la autodisciplina?

Es posible que hayas escuchado a la gente hablar sobre la importancia de tener autodisciplina; sobre cómo es necesario para el logro de cualquier objetivo digno. Sin embargo, ¿alguna vez has pensado en lo que significa la autodisciplina? ¿Alguna vez has reflexionado de qué se trata?

La autodisciplina es la capacidad de aceptar la responsabilidad y hacerte entrar en acción, independientemente de cómo te sientas al respecto. Es la capacidad de ejercer un control total sobre las emociones y comportamientos de uno mismo. Es la capacidad de controlar impulsos inútiles o dañinos. La autodisciplina es la capacidad de actuar con integridad.

Los pilares de la autodisciplina son la fuerza de voluntad, la aceptación, la persistencia y el trabajo duro. La autodisciplina se vuelve muy poderosa cuando se une con la fijación de objetivos, la pasión y la planificación, ya que te permite administrar el tiempo y organizar tus pensamientos y acciones para lograr tu objetivo. Es uno de los agentes activos que hace realidad las inspiraciones de un individuo.

La Fuerza de Voluntad como Impulso

La fuerza de voluntad es la fortaleza interna que te permite tomar decisiones y ejecutar cualquier tarea hasta que esté completa sin importar las circunstancias. Usar esta fortaleza te permite superar la resistencia externa, la dificultad y la incomodidad. Tu fuerza de voluntad no es algo que se pueda desarrollar en un día. Solo puedes desarrollarla durante un periodo, y no es algo que dependa de las emociones, los sentimientos o inclusive del optimismo. Si esto se gradúa en el hábito, es algo que puede ser usado una y otra vez. El proceso de desarrollo de la fuerza de voluntad se interrelaciona con la autodisciplina.

¿Estás destrezas son vitales y necesarias en la vida de todos?

¡Sí! Sin ellas, te sería difícil tomar

decisiones y alcanzar objetivos. Cuando las tienes, tus pensamientos, comportamientos y acciones se complementan para una vida mejor y más emocionante. Tu fuerza de voluntad habría superado las adicciones y otros malos hábitos como la procrastinación (dilación) y la falta de concentración.

Entonces, ¿por qué no desarrollarías disciplina?

Es muy importante y necesaria en tu vida personal y comercial. Aprovéchala y desarróllalahasta un punto satisfactorio.

¿Sabes que la falta de disciplina puede ser un obstáculo para lograr los objetivos?

Sin embargo, las acciones descritas anteriormente, que muestran que tienes autodisciplina conducen a la felicidad y satisfacción completas.

Hay muchos desafíos y problemas en el camino del éxito. Debes tener perseverancia y fuerza de voluntad para superar los rasgos negativos como los trastornos alimenticios y algunos hábitos perjudiciales como la pereza y la dilación.

Esto es lo que la autodisciplina puede

hacer por usted, aparte de las cualidades que mencionamos anteriormente:

- Tienes control total de tu ira, apetito, indecisióny otras respuestas naturales.

- Puedes eliminar hábitos innecesarios como apostar o chismear, comer en exceso o estar inactivo.

- Te fortalece cuando las cosas son difíciles en tu vida personal y ciertamente te rescata.

- Como un individuo disciplinado, te llevas mejor con otros al no sentirte molesto o herido fácilmente.

- Puedes controlar tu necesidad de lograr objetivos que te has fijado a ti mismo o a tu negocio. También puedes tener un control total sobre tus respuestas y necesidades.

De hecho, la lista es innumerable; hay muchas más cualidades que la autodisciplina puede brindarte. Todo lo que tienes que hacer es aprovechar los pasos estratégicos que te mostraré más adelante en este libro.

Capítulo 2 – ¿Tienes lo que se necesita?

La autodisciplina no es con lo que nacemos. La adquirimos y desarrollamos con el tiempo. De hecho, es como un "musculo". Se fortalece con el tiempo. Mientras más lo usamos, más fuerte se vuelve.

Sin embargo, para empezar con un acto de autodisciplina, necesitas considerar y superar algunos factores. Algunos de estos factores son generados por ti mismo, y otros provienen de tu ambiente externo.

¡Tener una razón porque!
Es esencial tener un fuerte deseo de lograr objetivos específicos. Sin este deseo, hay pocas esperanzas para la autodisciplina. Necesitas ser impulsado, y esto puede venir ya sea de la motivación o la inspiración. Necesitas de una o de la otra para impulsar la autodisciplina.

Esto resulta en tener suficientes razones para hacer la tarea en cuestión. Hágase algunas preguntas simples:
¿Quién soy?

¿Por qué quiero esto?
¿Qué necesito para hacer esto?
Mientras más te des razones, más estimulado te volverás en mantener viva la autodisciplina.

Tener un Compromiso firme
Ahora, hemos afrontado los motivos, pero éstos no serán suficientes. Necesitas un compromiso firme para llevar a cabo lo que sea necesario para lograr un objetivo. No es tan fácil como parece, pero el compromiso a largo plazo requiere disciplina. Esto no es algo que hacemos bien solos, por lo que debemos hacernos responsables de nuestras acciones.

Responsabilidad
Tener un compromiso a largo plazo con algo, requiere que seamos responsables de cualquier resultado de alguna manera o que alguien más nos haga responsables de ello.

Cualquiera de los dos métodos es efectivo, pero trabajar juntos le dará un mejor resultado. Por ejemplo, como padre o madre, usted puede responsabilizarse por sus acciones y también dejar que su pareja lo haga responsable.

Recompensas y Penalizaciones

Ahora que tienes un motivo para tus acciones, y también estás comprometido con el resultado deseado. Éste es un muy buen comienzo, pero tu nivel de motivación fluctuará a lo largo de este viaje. A veces, estarás muy motivado, y luego entrarás en un período de dificultad total donde te resultará difícil completar ciertas tareas y actividades.

Para poner esto en control y mantenerse disciplinado a lo largo del viaje, puede ser muy útil establecer algunas recompensas y penalizaciones que te ayuden a dirigir tu comportamiento y tus elecciones. Por ejemplo, puede recompensarse a sí mismo por tomar buenas decisiones, así como también puede penalizarse por tomar malas decisiones o caer en algún comportamiento.

Estas recompensas y penalizaciones agregarán los ingredientes esenciales al combustible que mantiene viva y activa tu autodisciplina.

Ambiente Competitivo

Tener un ambiente competitivo en vigor no significa que necesariamente estés compitiendo con otros. Puedes colocarte en la posición en la que intentas superarte o superar a los demás. Esta es una forma muy efectiva de disciplinarse para la tarea en cuestión. Otra forma de hacerlo es competir con tu mejor yo.

Puedes determinar tu progreso midiendo tus resultados pasados con tus resultados actuales. Esto te hará mantenerte enfocado y disciplinado. De hecho, podría ser el interruptor que te mantendrá en tu mejor momento para alcanzar tus metas y objetivos.

Capítulo 3 – La voz más alta que jamás escucharás es la tuya

Una de las claves principales del crecimiento personal y el éxito es el "diálogo interno". Este atributo puede ser sutil y es posible que ni siquiera nos demos cuenta del comentario que se está formando y procesando en el fondo de nuestras mentes. Este procesamiento en promedio es de entre 40,000 y 50,000 pensamientos por día. ¡Creo que hay mucha actividad allí!

En la mayoría de los casos, un individuo no es normalmente consciente de su diálogo interno. Simplemente se convierte en un hábito. Sin embargo, si deseas "reprogramar" tus sentimientos, pensamientos y creencias, puedes explorar el poder del diálogo interno positivo para cambiar tu mente.

¿Crees que tu diálogo interno es positivo la mayor parte del tiempo o negativo? Vamos a averiguarlo.

El diálogo interno positivo se compone, de las palabras que te dices a ti mismo que te hacen sentir feliz y bien contigo mismo. Estás en la punta más alta del optimismo. Esos pensamientos y palabras levantan tu espíritu y la vida parece ser un lugar mejor contigo en ella.

El diálogo interno negativo, por otro lado, es pesimista y limitante. El resultado de una conversación negativa puede ser perjudicial para la salud de uno mismo y tal impacto puede hacer que te sientas mal y pueden surgir complejos de inferioridad. Estos pensamientos negativos también pueden generarse a partir de la opinión que las personas tienen de ti.

Deja de ser tu peor enemigo

Tal vez te preguntes cómo dejar de ser tu peor enemigo. El mejor lugar para comenzar es escuchar tu propia conversación. Literalmente escucharás lo que dices o piensas de ti mismo. ¿Es negativo o positivo?

Debido a que no prestamos demasiada atención a lo que nos decimos a nosotros mismos o lo que sucede en la mente, debemos comenzar a prestar atención a nuestros pensamientos internos y escuchar nuestra conversación mientras hablamos con otras personas. Debes supervisar tu diálogo interno y escribirlos si es útil. De estos registros, puedes ver un patrón. ¿Son negativos o positivos?

Si los resultados son negativos, es hora de que cambie lo negativo a positivo. Pregúntese ¿por qué sus pensamientos son negativos? Si escuchaste a tu amigo hablar de sí mismo en la misma manera negativa en la que te hablas a ti mismo, ¿le permitirías seguir pensando de esta manera? Dudo que lo hagas. Le darías la vuelta e insistirías en que se centren en pensamientos que desarrollen su estima y confianza. Si harías esto por un amigo, haz lo mismo por ti mismo.

Es una buena noticia saber que todos tienen la capacidad de cambiar nuestro diálogo interno de negativo a positivo. Debes dejar de sabotearte no solo de la felicidad, sino también de poder lograr grandes cosas. Pon un alto a la conversación negativa y nuestro proceso de pensamiento aumentará nuestra confianza y autoestima, lo que jugará un papel muy importante en la adquisición de la autodisciplina.

La Práctica hace la perfección

Tenga un compromiso inquebrantable y tenga control sobre su diálogo interno. Descubrirá que, cuanto más practique, se volverá mejor en cambiar las conversaciones negativas por positivas. Puede ser difícil al principio, pero si comprende correctamente la importancia de la conversación interna, no tendrá ningún problema con el compromiso y se sorprenderá de lo mucho que ha logrado.

El diálogo interno efectivo proviene de "las afirmaciones". La palabra implica "hacerlo firme". Cuando afirma sus deseos a través del diálogo interno, hace declaraciones positivas de que su objetivo ya se ha logrado por ahora. Para obtener el mejor resultado, una afirmación debe repetirse regularmente con emoción sincera para lograr una mente subconsciente exitosa.

Aquí hay algunos consejos útiles para comenzar a implementar hoy un diálogo interno efectivo:

- Asegúrese de que sus afirmaciones de diálogo interno se hagan en presente positivo. Deseas disfrutar tu objetivo actualmente y no en el futuro. Por ejemplo, si se había fijado una meta para perder peso, no diga "Muy pronto, perderé 10 libras. Quiero verme mejor y sentirme genial". En cambio, diga: "Estoy perdiendo 10 libras. ¡Me veo mejor y me siento genial!"
- El diálogo interno efectivo también debe ser específico, como se explicó anteriormente. Dile a tu mente lo que necesita escuchar. Y asegúrese de ser sincero con sus palabras y emociones cuando practiques el diálogo interno. Sin este elemento de sinceridad, el diálogo interno no te ayudará a superar las dudas o los miedos que intentan arrastrarse por tu mente.
- Intenta elaborar tus afirmaciones en diferentes tipos de declaraciones en primera, segunda y tercera persona. Cada una de estas declaraciones afecta tu mente de diferentes maneras. Tales tipos de oraciones son las siguientes:

- Primera persona: estoy muy bien y nada puede detenerme.
- Segunda persona: Lo estás haciendo bien y nada puede detenerte.
- Tercera persona: Él/Ella {puedes insertar tu nombre} está muy bien y nada puede detenerlo.
- Repita estas afirmaciones varias veces durante el día. También le recomendamos que las escriba y las lea en voz alta. También puede grabarlas y escucharlas en la reproducción.
- Finalmente, comprométase con la consistencia. Cuanto más tiempo se invierte, mejor. Es posible que no vea un efecto duradero si solo practica durante un día o dos. Practica regularmente durante un mínimo de 30 días consecutivos.

Con la práctica regular, debería ver cambios obvios en la forma en la que te sientes, crees y actúas. También puedes disfrutar de tus propias afirmaciones personalizadas. El diálogo interno positivo funciona estupendamente para hacerte auto-disciplinado. ¡Disfruta de un diálogo interno positivo como una actividad normal de tu vida diaria!

Capítulo 4 – ¡Sí! Trabajan Juntos.

Cuando piensas en la motivación, te llenas de muchos pensamientos positivos como sea posible, lo que te saca del fracaso. Si haces una práctica regular de esto, puede funcionar. Desafortunadamente, el miedo tan "feo" como suena estará allí para detener tus movimientos. Sin embargo, la verdad es que el miedo puede jugar un papel positivo y te mostraré cómo.

Miedo vs Motivación
El miedo es un agente inevitable con el que tenemos que lidiar de una forma u otra. ¿Por qué no hacerlo positivo? El miedo no siempre es malo en todas las situaciones. A veces nos mantiene alejados del peligro.

Tenemos miedo de conducir por el lado equivocado del camino. Tenemos miedo de caminar al borde de un acantilado. Tenemos miedo a los productos químicos peligrosos y venenosos. Estos temores nos motivan a preocuparnos por la seguridad. ¿Por qué no podemos canalizar ese miedo para motivarnos a tomar mejores decisiones?

A menudo, el miedo nos detiene. Sin embargo, el miedo también puede mantenernos en movimiento, si se piensa de la manera correcta. El miedo puede ser un gran motivador, y es uno de lo que muchas personas realmente usan para ser muy productivos.

Por supuesto, no estoy hablando del tipo de miedo que muchas personas y organizaciones intentan hacernos sentir para poder controlarnos u obtener nuestro dinero. Éste es un tipo muy diferente de miedo.

El tipo de miedo que puede ser poderoso es el de no lograr un resultado con el que estás comprometido. Puede ser un miedo a decepcionar las expectativas de otra persona, aquellas a las que le hizo promesas, compromisos financieros, etc., o las tuyas propias, como las que pueden estar vinculadas a tu sentido de autoestima o integridad.

Recuerde que el miedo y la motivación son las mismas sensaciones corporales; es solo lo que definimos cuando lo sentimos. Algunas personas se desviven y pagan dinero para experimentar ese miedo (montañas rusas, películas de terror, etc.) Parece que cuanto más intensa es la sensación, más fácil es llamarlo miedo.

Una posible desventaja de usar el miedo como tu motivador es que, una vez que te acostumbras a él, no comenzarás a hacer nada hasta que sientas que comienza a arder en tus entrañas. Esto no es muy poderoso porque, una vez más, estás a merced de algo que está fuera de tu control. Si solo te mueves cuando sientes el miedo (o la emoción) no llegarás muy lejos.

Sin embargo, hay otra forma de hacer del miedo tu amigo además de llamarlo emoción, lo cual es cierto, pero a veces es difícil para nosotros creer en el momento. O, en lugar de convertirlo en tu amigo, conviértelo en algo mucho más poderoso, manejable y sostenible. Mira al otro lado del miedo. Por lo general, el miedo no es una entidad flotante que desciende sobre nosotros de forma espontánea y se

apodera de nuestras vidas. (Si es así, es una situación completamente diferente y debe ser atendida). Está unida a un pensamiento, o varios pensamientos. El miedo en realidad puede motivarnos e impulsarnos para una mejor mentalidad. Podemos desarrollar el hábito de usar el miedo como motivadores. Por lo tanto, no solo haremos que nuestros miedos pierdan sus poderes, sino que también los usaremos para construir una mentalidad positiva que esté libre de miedos.
¡Despierta! ¡¡Sé Audaz!!

Capítulo 5 – Sé un maestro en establecer objetivos

El arte de establecer objetivos no se enseña. Para avanzar y alcanzar tus objetivos, primero debes comenzar definiendo exactamente lo que deseas. Entonces movilizas tu energía hacia ese objetivo.

El proceso de establecer un objetivo a menudo es complicado o desalentador. El aspecto más importante es establecer los objetivos correctos. Sus objetivos deben ser únicos para usted porque todos los objetivos se basan en un nivel de desempeño individual. Para resaltar adecuadamente la individualidad de establecer objetivos, es mejor decir una frase en primera persona. Tal como "Quiero ver una película este fin de semana". Las personas que imaginan sus objetivos en primera persona tienen más probabilidades de alcanzarlos.

Antes de establecer un objetivo, asegúrese de tener una buena idea de su habilidad actual. Aquí hay 6 formas de establecer objetivos que verá hasta su culminación:

Elegir Sabiamente

La elección que hagas a menudo determina qué tan bien te apegarás a ellos. Elija objetivos no porque sean bien conocidos o recomendados por otros, sino porque significan algo para usted.

Dale a tu objetivo una línea de tiempo

Crear una línea de tiempo para tu objetivo lo hace más tangible y real, que un objetivo que ha estado rondando en tu mente todo el tiempo. Tener un tiempo en el que deseas haber alcanzado un objetivo no solo te dará el coraje inicial, sino que también te mantendrá trabajando para alcanzarlo. También puedes dividir tus objetivos en metas más pequeñas para crear una cantidad constante de impulso, esfuerzo y recompensa.

Aprende a revisar tus objetivos

A medida que crecemos y evolucionamos, también lo hacen nuestros objetivos. La mayoría de las personas no logran sus objetivos porque no los revisaron con la situación actual en la que se encontraban. Aprender a revisar tus objetivos de vez en cuando, seguramente te ayudará a alcanzarlos.

Date una recompensa por seguir con eso
Reconoce tus esfuerzos regularmente. Esto puede ser al final de un largo día o por completar una tarea. Reconoce tus esfuerzos por lo lejos que has llegado. Recuerda que mereces una recompensa por seguir con un objetivo y lograrlo.

Beneficios para el establecimiento de objetivos

- Estimula enormemente nuestra vida y le da sentido. Si somos descuidados con el establecimiento de objetivos, debilita tu vitalidad y entusiasmo.
- Ayuda a administrar mejor nuestro tiempo
- Establecer objetivos le permite ser más eficiente o productivo
- Este es un factor decisivo para el éxito de nuestro negocio.
- Alcanzar objetivos da mucha satisfacción.

Las siguientes verificaciones le permitirán identificar tus motivaciones reales y verificar si tus objetivos están de acuerdo con tus valores. Además, pueden ayudarte a descubrir un beneficio secundario de tu objetivo. Puede ser un comportamiento o hábito que parece negativo pero parece desempeñar una función positiva en algún nivel.

- ¿Cuál es el verdadero propósito de mi objetivo?
- ¿Qué perderé o ganaré al lograr mi objetivo?
- ¿Qué no sucederá si lo hiciera?
- ¿Qué ocurriría si no lo hago?
- ¿Cuáles son los beneficios de lograr el objetivo?
- ¿Cómo voy a alcanzar mi objetivo?
- ¿Cuál es el primer paso por hacer?
- ¿Cuáles son las acciones que necesito para comenzar?
- ¿Cuáles son los pasos que planeé para lograr mi objetivo?

Tómese unos minutos para obtener algunos objetivos en papel o electrónicamente.

Tus objetivos deben ser

1. **Grande:** ¿Quieres una vida emocionante que despierte tu entusiasmo y vitalidad? Así que

proponte grandes objetivos. ¿Crees que son alcanzables?

2. **Progresivo:** establezca algunasmetas. Paso a paso, te acercan al gran objetivo. Tu confianza se establecerá después de que se logres cada meta intermedia.
3. **Deseable:** Lograr tus objetivos dependerá mucho de tu deseo. Si estos objetivos son demasiado comunes o están a la mano, no generarán mucho interés en usted y, por lo tanto, aumentarán las posibilidades de que no se cumplan.
4. **Específico:** ¿Cómo sabrá que ha alcanzado sus objetivos si son generales y vagos? Es imposible. Establécete objetivos muy precisos y específicos. No tengas miedo de entrar en detalles.
5. **Establezca una fecha límite:** Éste es el punto más importante. Desea establecer un marco de tiempo para cada objetivo. Cada día que pasa te acerca un poco más a tu objetivo. Siempre será posible darte tiempo extra si es necesario. Pero es mejor

lograr ese objetivo en menos tiempo que el establecido para alcanzar ese objetivo.

Capítulo 6 – ¡Actúa Hoy!

Ahora que tienes algún conocimiento de lo que trata la autodisciplina, es hora de desglosar los 6 pasos para adquirir autodisciplina.

PASO 1 – ¿Has definido lo que quieres?

El primer paso de este proceso es tener una visión clara de lo que quieres lograr. Solo puedes establecer autodisciplina cuando se canaliza hacia algo exacto; y ese algo exacto en este caso es el resultado que deseas.

Para entender adecuadamente qué es lo que quieres. Hazte algunas preguntas:

¿Qué quiero hacer, tener, ser o lograr?

¿Qué tipo de hábitos quiero desarrollar?

¿Qué comportamientos quiero cambiar o eliminar?

¿En qué debería centrarme en este momento?

PASO 2 – Describa los cambios que se requieren

Ya que hemos aclarado lo que deseas

específicamente, es hora de que describamos el resultado deseado de nuestra elección en términos de los comportamientos que deseas adoptar y el tipo de imagen que esperas cuando se logre el objetivo.

Los objetivos que nos fijamos tienen un conjunto definido de hábitos / comportamientos que debemos adoptar para lograr ese objetivo. Tener una imagen clara de estos comportamientos será de gran ayuda para ayudarle a saber lo que se necesitará para lograr el resultado deseado.

Has pensado en el objetivo y te has preguntado:

¿Qué comportamientos debo adoptar para lograr este objetivo?

¿Qué hábitos necesito cultivar para alcanzar este objetivo?

Cuando respondas estas preguntas, debes tener en cuenta tus valores fundamentales. Los hábitos y el comportamiento que cultivas deben reflexionar sobre estos valores. Esta es la única forma de asegurarse de que tiene el poder suficiente para cumplir con este objetivo.

Además, el viaje para lograr un objetivo generará un gran cambio en su personalidad. Crecemos y aprendemos en este viaje y esto ayudará a transformar la forma en que nos vemos a nosotros mismos, las circunstancias y también cómo tratamos con otras personas. Esto significa esencialmente que tendrá que adaptarse en algunos aspectos para lograr el objetivo en cuestión. En otras palabras, debes ser esta persona que merece tener este objetivo en su vida. Necesitas preguntarte a ti mismo:

¿En qué tipo de persona me convertiré para lograr mi objetivo?

¿Necesito adoptar alguna cualidad? En caso afirmativo,

¿Qué tipo de cualidades necesito adoptar?

¿Cómo pensaré en mi objetivo y en mi vida?

Responder estas preguntas es vital porque la autodisciplina comienza desde un nivel de certeza o incertidumbre. Cuanto más seguro estés, más acumularás autodisciplina.

PASO 3- Busque modelos a seguir

Ahora es el momento de buscar respuestas para fortalecer su autodisciplina. Debe identificar específicamente algunos modelos a seguir (familiares, amigos y colegas) que ya han alcanzado este objetivo en el que está trabajando. Necesitas preguntarte a ti mismo:

¿Quién está haciendo esto ahora?

¿Quién ha tenido éxito con este objetivo?

¿Quién ha dominado este hábito?

¿Alguien ha hecho este cambio?

¿Quién está calificado en esta área?

¿Cómo y qué puedo aprender de esa persona?

Es posible que las personas que coinciden en tus preguntas sean personas que conoces. Tómese el tiempo para reunirse con ellas y pregúnteles cómo pueden disciplinarse a sí mismos, para lograr el resultado deseado. ¡Eso es todo!

Use esta experiencia como guía para disciplinarse mejor a lo largo de su viaje.

PASO 4- Aclara las Razones e Identifique

los Obstáculos

Debe tener un mayor nivel de claridad sobre lo que se necesitará para lograr el resultado deseado. Sin embargo, enfrentar obstáculos a lo largo de su viaje es inevitable. Debe poder soportar la prueba para avanzar. Pregúntese:

¿Qué obstáculo podría interponerse en mi camino?

Cuantas menos razones tengamos para lograr algo, más seremos bloqueados durante el viaje. Entonces, para evitar esto, necesitamos anotar las razones por las que desea el resultado deseado. Por ejemplo, puedes preguntarte:

¿Por qué quiero lograr este objetivo?

¿Por qué es importante para mí en este momento?

¿Por qué realmente lo quiero en mi vida?

¿Qué gano haciendo esto?

Sigue construyendo los POR QUÉ y los QUE. Cuantas más razones tenga para alcanzar tu objetivo, más fácil será ser disciplinado a lo largo de tu viaje.

PASO 5 – Desarrolle un Plan de Acción

Estratégico

Ahora es el momento de utilizar toda la información recopilada para desarrollar un plan de acción para lograr este objetivo. Debe planificar ya que le proporciona un control absoluto sobre los resultados. Le da una sensación de certeza y confianza de que se logrará el resultado deseado. Es esta confianza la que lo impulsa a través de los problemas que puede enfrentar a lo largo de su viaje.

PASO 6 –Responsabilidad

Mencionamos esto anteriormente en el capítulo 2. La parte final de este proceso se reduce a la responsabilidad. Necesita responsabilizarse por las decisiones y las elecciones que hizo a lo largo del viaje.

Por ejemplo, puede crear un equipo de soporte que lo ayudará a realizar un seguimiento y mantenerse enfocado. Tener otra voz para motivarte y animarte te ayudará hasta el final de tu búsqueda.

Conclusión

¡Gracias de nuevo por descargar este libro! Recuerda: La autodisciplina es un proceso que se puede aprender y enseñar. Cualquiera que aprenda el proceso puede optar por aplicarla en cualquier situación. No es un rasgo personal. No es "Tengo autodisciplina". Es una habilidad, "Yo uso la autodisciplina".

Algunos de los factores que pueden ser un obstáculo para lograr esta habilidad son el miedo, el diálogo interno negativo y el establecimiento de objetivos deficientes. Hemos destacado adecuadamente cómo abordarlos.

Usar esta habilidad se vuelve más fácil con la práctica. Cada vez que lo usas, también estás practicando. Por lo tanto, use regularmente lo que ha aprendido, ocasionalmente actualice sus conocimientos y todos sus logros.

¡Gracias y buena suerte!

Parte 2

Introducción

El mundo está lleno de millones de personas que tienen diferentes creencias y culturas. Esto juega un papel importante en lo que nos hace quienes somos.Los sociólogos creen que el entorno de una persona tiene una influencia significativa en cómo se comportan.¿Recuerdas cuando eras un adolescente? Lo que tus amigos pensaron de ti, fue poderosamenteimportante para tu propia confianza en sí mismo. Algunos de nosotros maduramos, y nos hacemos únicos e individuales.Algunos pueden estar más desesperados por la afirmación de otros y esforzarse por ser populares y agradables.Cualquiera que sea su personalidad, lo más probable es que, como la mayoría de las personas, no esté 100% satisfecho con tu vida.No siempre se puede influir en lo que está sucediendo en el gran esquema de las cosas. Pero tienes uncierto grado de control sobre tu propia vida, y cómo se desarrolla.

Muchos de nosotros vivimos con una rutina diaria, a menudo sin darnos cuenta. Un día típico podría consistir en levantarse una mañana y desayunar. Seguido de viajar al trabajo. Puedes parar para almorzar y luego regresar a trabajar por la tarde. Temprano en la tarde viajas a casa. Luego, terminas cocinando la cena, viendo la televisión, y de vuelta te vas a la cama. Sólo para volver a hacerlo al día siguiente. La vida puede volverse tediosa y monótona, por lo que no es de extrañar que podamos desviarnos de la mundanidad de todo esto. Algunos recurren a consolar con comida, alcohol e incluso drogas, para escapar de la pesadez de sus vidas. No suena como contento, ¿verdad?

Si estás leyendo este libro, lo más probable es que estés buscando una manera de mejorar tu lote. Estás investigando porque no sabes cómo hacerlo, así que recurres a los libros de autoayuda. Déjame decirte, amigo mío, has venido al lugar correcto. Esta guía te mostrará el camino para encontrar más control y felicidad en tu vida. Se trata de tu "mentalidad". Suena como el título de un juego. De hecho, se refiere a lo que aprendes de tu entorno y cómo eso ha afectado tus decisiones. En lo que crees y en la espera. Este libro te mostrará cómo reiniciar ese sistema y cómo mejorar tu patrón de pensamiento. Suena imposible, pero en realidad, es fácil. Solo necesitas saber cómo, eso es lo que te dirá este libro. Cada capítulo destacará los comportamientos que es posible que necesites cambiar. Primero, debes identificar tus malos hábitos y luego convertirlos en buenos.

Porque es el comportamiento habitual al que apuntas. Un buen régimen para que tu vida tenga que ver con el éxito y la finalización. Tu nueva perspectiva mejorará su estilo de vida, a través de la adquisición de una mentalidad más saludable.

Cuando hablamos de disciplina, nos viene a la mente una imagen de una estricta señora de la escuela o de la crianza de los hijos. A medida que envejecemos, y supuestamente nos volvemos más sabios, continuamos haciendo lo que se nos pide. Algo parecido a la disciplina que teníamos de niño en casa y en la escuela. Sin embargo, como adulto, depende de ti disciplinarte a ti mismo, y no a los demás. Puede que no te des cuenta, pero tienes un gran control sobre tus acciones, tus pensamientos y la forma en que vives. Si la vida parece no hacer nada más que darte una patada en los dientes, sigue leyendo y aprende a dar una patada. Este libro trata de cambiar cómo puedes tener éxito en tu vida cotidiana. Sigue los consejos y pronto estarás más contento con tu lote. Todo se reduce a la autodisciplina, pero vas a decidir las reglas del juego.

Capítulo 1 - Mejora tu rutina diaria con 5 consejos

Sería ideal si pudiéramos despertarnos un día y convencernos de que hoy seremos mejores personas. En realidad, no es una tarea fácil de establecer por sí mismo. Cambiar los viejos hábitos requiere fuerza de voluntad y tiempo para asegurar el éxito. La mayoría de nosotros nos rendimos después de una semana. Por supuesto, si no crees que haya algo malo en tu vida, entonces no hay espacio para mejoras. Primero, necesitas identificar tus fallas y luego admitir hasta ellas. Una vez que hayas alcanzado esta etapa inicial y más importante, estás listo. Es hora de cambiar tu vida.

Todos, hasta cierto punto, hemos comprado el consumismo que se ha convertido en el zeitgeist del mundo desarrollado. Después de todo, ese es el enfoque principal de nuestras vidas. Vamos a trabajar para ganar dinero. Ese dinero luego nos compra artículos de lujo, supuestamente haciendo nuestras vidas más fáciles y más felices. En realidad, todos sabemos que no es tan simple.

Pregúntate a ti mismo: "¿Eso es todo lo que quieres de la vida?". Si la respuesta es "No", entonces debes seguir leyendo... Identificar y admitir tus fallas. La vida moderna no es más fácil que la forma en que vivieron nuestros antepasados. Aunque, no podemos discutir, es diferente. No hay necesidad de buscar comida, ni siquiera de cultivarla. Eso es todo hecho para nosotros. ¿Esto nos ha hecho perezosos?

Dudo que un agricultor de la era agrícola haya oído hablar del concepto de "ejercicio". Era algo que hacía todos los días sin siquiera darse cuenta. Si no cultivaba, no comía. Hoy no es así. Nuestro suministro de alimentos es abundante y barato, en comparación, y apenas necesitamos levantar un dedo para conseguirlo. Hoy en día, la idea es que cuanto más trabajas, más ganas. Cuanto más gane, más lujos podrás pagar. La comida no se considera un lujo, especialmente en el mundo occidental. En cambio, compramos cosas divertidas, como tecnología, mejores hogares, viajes por el mundo y vacaciones. Tales lujos deberían hacernos felices, pero no lo hacen. Para conseguirlos debemos trabajar duro, y junto con eso viene el estrés. ¿Por qué, entonces, nos esforzamos por los últimos gadgets o moda, si no nos hace felices?

Mirándolo desde afuera, como un observador neutral, uno podría decir que es pura codicia.

P: ¿Nos hemos vuelto codiciosos en el mundo moderno entonces, porque ya no necesitamos concentrarnos solo en la supervivencia?

R - No.

Estamos engañados, por aquellos que producen tales lujos. Hacen todo lo posible por convencernos de que DEBEMOS tener lo último en canto, tecnología de baile y entretenimiento. La mayoría de las veces, cuando las obtenemos, no satisfacen nuestras necesidades básicas de autoafirmación.

¿Estamos haciendo todo mal?

¿Somos incapaces de resistir las tentaciones de querer siempre lo más grande y mejor?

No temas, hay una solución fácil. Solo necesitas aprender a evitar tales tentaciones. Al entrenar a tu mente para que ignore a quienes te engañan, superarás esa necesidad de tenerlo todo. La resistencia por sí sola no servirá, porque finalmente cederás. "Evitar" es el nombre del juego.

Para lograrlo, lleva disciplina y entrenamiento. No es el tipo de entrenamiento por el cual alguien te va a enseñar y todo lo que debes hacer es aprender. Será más difícil que eso. Te enseñarás a ti mismo. Solo entonces cosecharás las recompensas. Vas a conocer a la persona dentro de ti, como nunca antes lo has sabido.

CONSEJO 1:

Solo conociendo tu ser interior, puedes admitir lo que está mal.

Escribe todas las cosas malas en tu vida. ¿Tienes sobrepeso? ¿Estás en deuda? ¿Siempre te sientes deprimido?

Esto es para ayudar a identificar todo lo que en tu vida te está haciendo infeliz. Tómate tu tiempo, no tienes que hacer esto en un día. Tómate una semana y toma notas durante toda la semana, si algo específico te hace sentir miserable. ¿Hablar de tu viaje al trabajo? ¿Cocinar una comida familiar? Identifica cualquier y cada emoción que sientas en una semana típica. Tome nota de cómo le gustaría cambiar todas las cosas negativas en su vida.

Este no es un libro, nadie lo va a leer,

excepto tu, así que usa tu palabra escrita para describir cómo te sientes a sí mismo.

Con la ayuda de esta guía, una vez que hayas compilado tu lista, te darás una idea de dónde te estás equivocando.

Ahora, establece una fecha para cuando desees comenzar tu nuevo régimen. Esto se debe a que estás a punto de embarcarte en mejorar tu estilo de vida, a través de tu autodisciplina.

CONSEJO 2:

Cuando llegue tu fecha, comienza a levantarte una hora antes de lo que ya lo haces.

Al principio, usarás ese tiempo para despertarte lentamente. No nos apresuremos en esto. No debes apresurarte haciendo tareas y tareas. Esta es una hora del día que es para ti, y para nadie más. Tómate un café y siéntate a leer, o escucha música.

Estás a punto de embarcarte en una rutina

completamente nueva en tu vida, una que asegura la satisfacción que nunca antes has sentido.

CONSEJO 3:

La siguiente parte importante es desglosar algunas de las tareas necesarias en tu vida. El primero en apuntar, es la comida. Has un plan de comidas para toda la familia.

No hay excusa de que no tienes tiempo. Para empezar podrías hacerlo en esa primera hora del día, con una taza de café en la mano. Incluye TODAS las comidas, como desayunos, almuerzos, cenas, bocadillos e incluso algunos postres. El desayuno puede ser el mismo desayuno todos los días, pero prepara almuerzos y cenas variadas.

Ya puedes comer una dieta saludable, o puedes comer comida para llevar. Independientemente de lo que estés haciendo, estás a punto de mejorarlo o cambiarlo.

Esta tarea te obligará a pensar en la comida que ingresa a tu cuerpo. Aprovecha esto como una oportunidad para asegurarte de que solo consumas alimentos saludables. Investiga sobre lo que percibes como una dieta saludable. Prueba la dieta mediterránea, es una opción saludable tradicional, y no una moda. Si sufres de diabetes, prueba una dieta baja en carbohidratos.

La tarea principal es eliminar TODOS los alimentos poco saludables, directamente de tu vida. Eso incluye cualquier cosa con azúcares almidonados y sal en exceso. Aprenda a identificar lo que hay en las etiquetas de lo que compras. Incluye más alimentos integrales, como la pasta integral, el arroz salvaje y el pan integral.

Además, purga tu cuerpo de los venenos de los alimentos procesados. No hay comida para llevar, o comidas rápidas. No compres alimentos procesados, cuando no estás en tu casa. Enséñate acerca de las grasas buenas y malas. Por ejemplo, usar nada más que aceite de oliva para cocinar significa que lo está haciendo bien.

Al comer más verduras, frutas, pescado y carne blanca, vas en la dirección correcta para tu salud. Al hacer un plan de menú, ESTÁS EVITANDO esas tentaciones de las que hemos hablado anteriormente. Este plan de menú es convertirse en una parte integral de tu nuevo régimen.

CONSEJO 4:

Ahora tienes un plan de menú bien organizado; crear una lista de compras. De esta manera, no gastarás de más y te concentrarás en NO comprar alimentos poco saludables. Una vez que estés en la rutina de hacer esto, considera hacer un plan de menú para el mes.

Se trata de rutina y disciplina. Al aprender a organizar las tareas de la vida, las tentaciones se convertirán en algo del pasado.En esta etapa, solo has hecho pequeños cambios en tu vida. Deberías levantarte una hora antes, y tus compras y comidas ya no serán un asunto fortuito.

CONSEJO 5:

El siguiente obstáculo es aprender a concentrarte en ti mismo. Enfócate en tu propio cuerpo y mente. No hay mejor manera de hacerlo que crear una rutina de ejercicio regular.

No necesitas ser intrusivo en tu vida. Sin embargo, supondrá una diferencia tan grande para tu salud, que te alegrarás de haber introducido un régimen de este tipo en tu agenda.

La cantidad de ejercicio que necesitas depende de tu edad. DEBES hacer al menos el mínimo recomendado, en una semana. Eso significa que:

• Una caminata rápida y saludable, dos veces por semana de al menos 6000 pasos. Esto solo toma alrededor de una hora.

• 4 ejercicios energéticos de 30 minutos, como caminar, nadar o diseñar un ejercicio en casa, o incluso en la oficina.

Si tu eres el tipo de persona que encuentra difícil encajar esas cosas en tu vida, entonces PARA y PIENSA. ¿Qué es lo que está llenando tu vida tanto que no puedes pasar un tiempo para asegurarte de que estás sano?

Incluso si trabajas a tiempo completo, puedes incluir algunas caminatas en tu período de almuerzo. No hay excusa, tienes toda la semana para hacer lo mínimo.

CONSEJO 6:

Siéntate y escribe la rutina de una semana entera, y estudia. Mueve las cosas y asegúrate de que encajas en tu rutina de ejercicio personal. Además, ingresa tiempo para escribir tus planes de menú y el día que irás de compras. Consigue todas estas tareas rutinarias escritas en piedra. Dibuja un horario y pégalo en el refrigerador donde puedas verlo.

En este capítulo te he animado a:

1. Identificar lo que te hace infeliz.

2. Levantarte 1 hora antes para tener algo de "tiempo para mí".

3. Hacer un plan de menú para ti y tu familia.

4. Desde el plan del menú, escribir una lista de compras, para que no tengas la tentación de comer alimentos poco saludables.

5. Hacer el régimen de ejercicio mínimo básico, todas las semanas.

6. Establecer un calendario de tu paradero a lo largo de la semana, ajustándote a: el ejercicio básico, la creación de tu plan de menú y la recopilación de una lista de compras.

Esto requerirá autodisciplina para lograrlo, ¿puedes hacerlo? Incluso si fracasas, puedes levantarte y tener otra oportunidad la semana siguiente. No necesita decirle a nadie que está haciendo esto, porque lo está haciendo por usted, no por ellos. Continúe hasta que haya alcanzado este primer conjunto de objetivos.

Ahora está listo para desarrollar su ser interior, así que continúe leyendo para un contenido más feliz y un estilo de vida más feliz.

Capítulo 2 - El valor de aprender la paciencia

Lo que he enfatizado hasta ahora, es que tener una rutina estructurada puede ayudar a que la vida se sienta más significativa. Cuanto más organizado estés en tu vida: cuantas más personas vendrán a confiar en ti. La mayoría de nosotros queremos sentirnos apreciados. Una forma de lograrlo es convertirse en una persona confiable.

Ahora viene el "PERO", la confiabilidad no es un atributo de interruptor de "encendido y apagado". No puedes decepcionar a la gente si sigues este camino. Para mantenerse seguro y ser un líder, significa que primero debes cuidar de tu propio bienestar. Para ser esa persona, debes eliminar TODOS los aspectos negativos de tu vida, o al menos tantos como sea posible.

Si ha leído el Capítulo 1, comprenderás lo que se necesita para organizarse más. Crear una rutina en tu vida, te ayudará.

En este capítulo, quiero mostrarte la importancia de la "paciencia". No solo por tu propia salud, sino también por la felicidad de quienes te rodean. Veamos qué le sucede a tu cuerpo cuando intentas apresurar las cosas.

ESTRÉS:

Esto puede ocurrir como resultado de apresurarse en tareas y problemas. Cuanto más te apresures, peor se volverán los síntomas. Tu cuerpo producirá más hormonas llamadas cortisol y adrenalina. Esto hará que tu corazón late más rápido. Tu cuerpo está actuando de acuerdo con la "llamada de estrés", por lo que sus músculos se tensarán, preparándose para la situación de "lucha o huida". La presión arterial aumentará. Tu respirarás más rápido. Podrías volverte irritable y sentir ira o nerviosismo. Incluso podrías deprimirte si sientes estrés durante un período prolongado. Puedes comenzar a experimentar una falta de concentración. Si no eres capaz de concentrarte, entonces la resolución de problemas será imposible.

Los aumentos extremos y regulares de la hormona cortisol pueden causar daño a las células cerebrales.

Los síntomas anteriores son bastante naturales, en la situación correcta. Si te enfrentabas a un peligro, o sufrías ansiedad de naturaleza extrema, como la muerte de un ser querido. Estos síntomas no deben ser una parte constante de tu vida a largo plazo, como lo serán si te sometes a un estrés continuo.

Primero, aprende a entender las señales de advertencia de tu propio cuerpo. Si estás pasando el día con el corazón acelerado, no encuentras tiempo para comer y te cansasrápidamente, entonces estás haciendo todo mal. Si no puedes escuchar tus propias señales de advertencia, ¿cómo podrás escuchar y ayudar a otras personas?

Tómate un descanso y organiza tu vida para que no estés experimentando estrés.

Solo así podrás aprender el arte de la paciencia.

PACIENCIA:

Escuchando lo que la gente te dice. Permitiéndoles terminar sus oraciones sin comparar tus propias experiencias con las de ellos. Te están diciendo algo, porque pueden tener que desahogarse. Dales el espacio para hacer esto, y tendrás la recompensa de saber que los has ayudado. Llámalo "el placer de dar", si quieres. Es un regalo maravilloso.

Cuando hables, piensa en tus palabras antes de decirlas. Asegúrate de que estás contribuyendo con esas palabras, y no obstaculizando. Lo último que quieres es que te conozcan como un "gemido". A nadie le gusta tener una persona que se queja como amigo. No te conviertas en víctima de cada situación en la que te encuentres. Entonces, ¿qué pasa si un automóvil te salpicó con un charco o un perro hizo caca en tu patio? Ríete de las pequeñas cosas. Más especialmente si estás conduciendo. Ignora a los que cortan delante de ti. ¡Lo digo en serio! Si recorres tu vida sintiéndote infeliz en cada evento, entonces tu cuerpo producirá todas esas hormonas malas y te pondrás enfermo. Aprende a lidiar con los pensamientos negativos mediante:

Si recorres tu vida sintiéndote infeliz en cada evento, tu cuerpo producirá hormonas dañinas que te enfermarán. Aprende a lidiar con los pensamientos negativos analizando lo que estás pensando: ¿Por qué estás loco, triste, molesto? ¿De qué te servirá a ti, oa cualquier otra persona, si continúa con ese pensamiento o acción? No juzgues a los demás, y ellos te confiarán más.

Es cierto que "la paciencia es una virtud". Sé quien se comporta con calma, ante la adversidad. Practica ser paciente en situaciones que pueden ser estresantes a lo largo del día. Tal vez con los niños en casa, o colegas en el trabajo, manejando el auto, montando el tubo.

Un estudio en 2007 (Schnitker & Emmons), mostró que una persona que es paciente, tiene menos probabilidades de sufrir los efectos de los problemas de salud mental. Schnitker realizó estudios adicionales en 2012, y creó un modelo de tres niveles:

• Las personas que comprenden las insuficiencias de otras personas y no juzgan, tienden a tener una perspectiva más optimista y están más contentas con su suerte.

• Aquellos que pueden enfrentar dificultades sin culpar a otros, como lidiar con poco dinero, tienden a ser personas más valientes, que sienten esperanzadas ante cada obstáculo que intenta bloquearlos.

• Aquellos de nosotros que nos las arreglamos para superar las pruebas y tribulaciones diarias que la vida puede lanzarnos, como hacer cola, tráfico, fallos en la computadora, etc. sin estresarnos o volvernos agresivos, a menudo somos el tipo de persona que está bastante satisfecha con mucho. Es poco probable que sufran depresión.Pueden tener ataques de estar hartos, pero eso es completamente diferente a una depresión profunda.

Schnitker resumió que las personas pacientes son buenos amigos para tener cerca. Son más empáticos, desinteresados y perdonadores. También cooperarán mejor si ven que ayudará a otros. También es poco

probable que sean personas solitarias, porque su generosidad de bondad atrae más amistades.

CONVIÉRTETE EN UNA MEJOR PERSONA:

Aquí hay algunas ideologías para pensar, y luego apuntar. No puedes ser esta persona en un día, así que practica tales pensamientos y comportamiento todos los días, hasta que te conviertas en esta persona.

1. Usa tus pensamientos conscientes, para

convertirte en una persona que pueda controlar tus propias emociones.

2. Ten en cuenta tus pensamientos negativos y analízalos.

3. Se trata de retrasar tu propia gratificación. En cambio, ayudas a los demás.

4. No seas crítico.

5. Sé más comprensivo con los problemas de otras personas.

6. Ve a TODAS las personas como seres humanos y trata a todos con amabilidad. Si no lo aprecian, hazlo de todos modos.

7. No te apresures. En su lugar, sé mejor organizado, y luego harás más cosas.

8. Haz un hábito de contar hasta 10, antes de hablar o actuar. Esto te da tiempo para decidir si lo que estás a punto de decir, o hacer, es útil o negativo. Por ejemplo, si estás enfadado con tu hijo, cuenta hasta 10 antes de actuar. A medida que tu propio estrés se reduce, también lo hará tu reacción negativa.

Capítulo 3 - Practica la compasión todos los días

Si entiendes el valor de la paciencia, entonces ya serás una mejor persona para ello. Mostrarle a los demás una amabilidad que los haga sentir bien consigo mismo, también te hará sentir bien contigo mismo. Debes crecer como individuo, centrándote en las necesidades de los demás. Esto te ayudará a estar mucho más contento con tu vida.

P: ¿Por qué deberías centrarte en las necesidades de los demás?

R - Los estudios han demostrado que las personas que practican la compasión producen más hormonas naturales buenas. El químico DHEA contrarresta el envejecimiento. También producen menos hormonas negativas como el cortisol, que es una hormona del estrés.Todo esto se logra, aprendiendo a sentir lo que los demás sienten.

Veamos las siguientes tres perspectivas,

que a menudo se confunden entre sí:

Simpatía: sientes pena por alguien, generalmente porque está sufriendo de alguna manera. No necesariamente quieres ayudarlos, pero sientes lástima por su situación. Su reacción a tu simpatía puede ser la ira, porque la mayoría de las personas odian sentirse compasadas.

Empatía: reconoces el sufrimiento de alguien y sientes su dolor. Eso es porque puedes ponerte en sus zapatos y entender mejor sus emociones. La diferencia con sentir empatía, en lugar de simpatía, es que no quieres mostrar pena, porque tienes una idea de su desesperación. Tampoco necesariamente quieres ayudarlos, pero sí entiendes lo que sienten, en un sentido más profundo.

Compasión: aquí tenemos la empatía, con la ventaja adicional que QUIERES ayudarles. Quieres aliviar su dolor, porque odias ver sufrir a otros.

Esta es la siguiente etapa en tu desarrollo

personal; Aprendiendo compasión y convirtiéndote en una mejor persona, por dentro y por fuera.

P - ¿Por qué deberías practicar la compasión?

R - Es una herramienta importante para cultivar tu propia felicidad y la de quienes te rodean.

Primero debes aprender a sentir auténtica empatía por los demás. Reconocer situaciones infelices. Practica observando a los demás, todos los días, para que puedas aprender cómo se comportan las personas.

Nada de este auto entrenamiento es fácil de hacer, pero si quieres sentirte más contento con tu vida, debes convertirte en una mejor persona. Para poder empatizar con los demás, necesitas entender lo que implica; Imagina que sucede algo terrible, tal vez incluso a alguien que conoces; Luego pon tu mente en su cabeza, y trata de pensar en todas sus emociones confusas. Se le conoce como "reflexión", ya que estás intentando pensar qué piensan ellos. ¿Se culparían a sí mismos? ¿No verían y sentirían ninguna esperanza? ¿Cómo te sentirías en una crisis?

Una vez que comienzas a ver la confusión de sufrimiento, solo entonces tu respuesta puede ayudar a las víctimas. Evita que se culpen, muéstrales la esperanza. No puedes hacer esto si no aprendes a ver otros puntos de vista de las personas. Debes aprender a abrir tu propia mente y tu corazón.

Ningún humano quiere sentir voluntariamente miedo. Piensa en todas las cosas que anhelas, como la felicidad y el disfrute. Agregue a eso todas las cosas que no quiere, como el miedo, la tristeza y la soledad. Ahora recuérdate, así es como piensan todos los que te rodean. Todos queremos la misma cosa. Debes aprender a comprender cómo y por qué las personas son infelices. Solo entonces estarás en posición de ayudarlos.

Aquí hay algunas cosas que debes practicar, diariamente:

• Ser una persona agradable para otras personas.

• Ofrecer una sonrisa.

• Muestra bondad a todos los que ves.

• Muestra gratitud genuina cuando alguien te ayuda.

PERDÓN:

Cuando te encuentras capaz de pensar y comportarte de la manera que te he sugerido, solo te queda un obstáculo; El del perdón.

Este es igual de difícil, porque significa perdonar a quienes te maltratan, oa quienes ves maltratar a otros. En lugar de sentir enojo por ellos, debes concentrarte en POR QUÉ esa persona está actuando como lo ves. En tal situación, debes aprender a sentir compasión por la persona que actúa de manera cruel y egoísta, así como por sus víctimas.

P - ¿Por qué perdonar a alguien que es egoísta y cruel?

R - La gente no nace de esa manera, algo les ha pasado para que sean tan amargos. Esta no es una excusa para perdonar sus malos caminos, es una explicación para ti, sobre cómo encontrar el perdón.

El perdón es una emoción que realizas en tu propia mente. Decides conscientemente no sentirte amargado por aquellos que hacen algo malo. Tu perdón no hace ningún bien a nadie más, pero te hace una mejor persona para que puedas ayudar a otros a aprender a perdonar.

Es una forma en la que puedes darte paz mental. Si sigues enfadado con los que hacen lo malo, experimentarás un rastro de amargura que continuará y nunca terminará. La ira tiene un efecto corrosivo y consumirá tus esfuerzos para convertirte en una mejor persona. Si puedes aprender a perdonar, nunca volverás a experimentar los pensamientos negativos de la venganza. Tu propio ser interior se beneficiará de la capacidad de perdonar genuinamente a quienes hacen el mal:

Ya no cargarás con la carga de la venganza, sentirás una felicidad más saludable en la vida, si te aseguras de que las acciones de otras personas no contaminen tus propios sentimientos. Si no aprendes a perdonar, continuarás sintiendo ese dolor de amargura, y se torcerá y volverá tu mente para enfocarte en pensamientos dolorosos. Sentir perdón es liberar tu propia mente de ese dolor de inquietud. Te permitirá seguir adelante, sin ira y sin deseos de venganza odiosa, y así levantar tu propia carga de emociones negativas.

Estás asumiendo la responsabilidad por ti mismo y no permites que los demás te hagan sentir retorcido en tus emociones. Una vez que haces la paz dentro de tu propia mente, te estás liberando para ayudar a otros que están sufriendo.

Además, si puedes aprender a perdonar,

entonces también estás aprendiendo a no juzgar.

En el Capítulo 1, sugerí que te levantes una hora antes. Ahora es un buen momento para comenzar a aprovechar esa hora para tu propio bienestar. Cuando te sientas relajado y despiertes lentamente, piensa en el día que viene; recuerda que:

• Hoy vas a ser positivo.

• Mostrar bondad a los demás.

• Ser útil cuando sea necesario.

• **No te permitas sentir molestia por el comportamiento de otra persona.** En su lugar, tu "reflexionarás" sobre sus acciones, como hemos hablado anteriormente.

• Trata de entender por qué los demás se comportan como lo hacen.

Cuando te acuestes por la noche, pasa un tiempo pensando en tu día:

- ¿Cómo interactuaste con las personas que entraron en tu vida ese día?

- ¿Estabas contento con tus propias intercomunicaciones con ellos? ¿Podrías haberlo hecho mejor?

- ¿Has molestado a alguien? Si es así, ¿por qué?

- ¿Alguien te molestó? Si es así, trata de entender su punto de vista.

- Si son regulares en su vida diaria, intenta conocerlos un poco mejor.

- Muéstrales algo de tu compasión bien practicada.

Capítulo 4 - El ejercicio es un salvavidas

AUTODISCIPLINA BÁSICA:

He mencionado el ejercicio varias veces en capítulos anteriores. Hablé acerca de hacer lo básico, por lo que tu cuerpo tiene la oportunidad de luchar para mantenerse en forma. No todos están interesados en entrenamientos físicos constantes, PERO DEBES hacer lo básico. Como recordatorio, aquí están nuevamente, realiza una de las siguientes acciones, todas las semanas:

• Una caminata rápida y saludable, al menos dos veces por semana, de al menos 6.000 pasos. Esto solo toma alrededor de una hora.

• 4 ejercicios energéticos de 30 minutos, como caminar, nadar o hacer ejercicio en casa o en la oficina.

No se necesita la tendencia actual de alcanzar 10.000 pasos al día. Deriva de los fabricantes de uno de los primeros podómetros (contadores de pasos).

Creerías que era un truco de marketing. Si lees las recomendaciones básicas, verás que es como he descrito. Sin embargo, debes intentar apuntar al menos 4.000 pasos vigorosos al día, para ayudar a mantener tu corazón saludable.

Aparte de eso, no hablaremos de los ejercicios de gimnasio, ese no es el tipo de ejercicio que es necesario para la mayoría de las personas. Muchos, a los que les gusta ir al gimnasio, lo hacen porque disfrutan de ese tipo de entrenamiento físico.

Es posible que deseen tener una cierta forma del cuerpo. Si bien este libro tiene que ver con la capacitación, se encuentra en un nivel más profundo que el entrenamiento diario del gimnasio. El tipo de entrenamiento que deseo que saques de esta guía es más una forma de pensar.

Primero, quiero que te asegures de hacer los ejercicios físicos básicos cada semana, para mantener tu corazón saludable.

Además de eso, oblígate a tomar las escaleras, en lugar del ascensor, si solo vas a 4-5 pisos.

Si sientes que tu corazón se acelera rápidamente después de subir esas escaleras, eso es bueno. Eso es exactamente lo que tu corazón necesita.

Además de eso, asegúrate de caminar en lugares que están a menos de una milla de distancia. Los músculos necesitan movimiento, o se debilitan. Una milla no está lejos, y la mayoría puede hacerlo en menos de 15 minutos a un ritmo acelerado. Camina a donde puedas. Si trabajas en una ciudad ocupada y tomas el automóvil, estaciona en un estacionamiento donde te veas obligado a caminar por lo menos una milla para ir al trabajo. Más especialmente si trabajas en un ambiente sedentario, sentándote la mayor parte del día en el trabajo. Puede parecer una molestia, pero confía en mí, te sentirás mejor por ello. No particularmente por el ejercicio. Esa caminata al trabajo ayuda a frenar el día desde el principio. Considera una caminata para ser "mi tiempo", que le da tiempo para reflexionar y pensar sobre el día por delante.

P - ¿Cómo el ejercicio te hace una mejor persona?

R - Porque tu cuerpo producirá endorfinas, que te ayudarán a sentirte bien.

AUTO DISCIPLINA MEDITACIONAL:

TAI CHI:

Una forma de aumentar tu régimen de ejercicio, sin sobrecargar tu cuerpo, es el Tai Chi. No solo es una excelente manera de aumentar tu estado físico, sino que también eleva tu espíritu. No me refiero a un sentido religioso, sino a un sentido de sí mismo; tu bienestar.Tai Chi, es un gran régimen de ejercicio, independientemente de tu edad.

Está más allá del alcance de este libro enseñarte Tai Chi. Lo que puedo decirte son las muchas ventajas de seguir esta forma de ejercicio.

Es un antiguo ejercicio artístico, dándole gran credibilidad. Los movimientos gráciles pueden ser para personas que están en forma, y también para personas que no pueden moverse sin sentir dolor. Esto lo hace adecuado para todas las edades, y todos los niveles de fitness.

Aprenderás movimientos coreográficos y cómo realizarlos casi en cámara lenta. El éxito está en la velocidad del rendimiento. La lentitud obliga a los músculos a trabajar al máximo, sin que te des cuenta. Los estudios han demostrado que esto conduce a un mejor equilibrio y reduce el estrés.

Ciertos movimientos pueden ayudar con enfermedades como la artritis.

Los practicantes de Tai Chi son capaces de reducir su estrés diario. Esta forma de arte eleva tu sentido de autoconciencia. El estrés a largo plazo tiene un efecto devastador en el cuerpo humano, ya que desencadena una liberación de cortisol que, si se mantiene, causa daño a las células cerebrales. El Tai Chi ayuda a contrarrestar estos efectos adversos, debido a su naturaleza pacífica. Se realiza en muchos niveles, incluso como un medio de defensa propia.

Pero, para nuestro propósito, solo buscamos usarlo como una forma de relajarnos y mantener un cuerpo más saludable.

Los movimientos te ayudan a enfocar tanto la mente como el cuerpo. Podrías llamarlo un tipo de auto-terapia, pero también es un medio de ejercicio. Los científicos taiwaneses han descubierto que aquellos que practican esta forma de arte, tienen más células madre. Efectivamente, estas son las células que renuevan las células dañadas. Algunos estudios incluso presumen que la práctica del Tai Chi puede aumentar el crecimiento del cerebro.

Una vez que adquieras experiencia con

estos movimientos, descubrirás que tiene muchos méritos. Nunca volverás a pararte con la mandíbula apretada y los músculos tensos alrededor de tu cuerpo. La formación de este arte va mucho más allá del mero ejercicio. Es a la vez metódico y gratificante, la curación y el alivio del estrés. Como estirar los tejidos blandos y relajar el sistema nervioso central, no puedes darte el lujo de no convertirse en un practicante en el arte del Tai Chi.

YOGA :

Igualmente el yoga juega su parte en este tipo de ejercicio. De hecho, hay muchas formas de métodos bien establecidos de armonización y autodesarrollo para elegir. El yoga es una forma antigua popular de movimientos, y se puede practicar en muchos niveles. Nuevamente, este es un método para aprender a observarse desde dentro. Al elegir convertirte en un estudiante de una de las técnicas más antiguas de ejercicio, aprenderás, no solo a ejercitar tu cuerpo, sino también tu mente.

Esta es la forma de autoconciencia que forma parte de la disciplina que buscamos en este libro.

Sí, también son parte del aprendizaje de la meditación. Solo puedo animarte a que sigas cualquiera de estas rutas, ya que solo pueden llevarte al camino de un mejor estilo de vida.

Capítulo 5 - Medita tus problemas lejos

En este Capítulo, quiero que aprendas lo importante que es el aire que respiras, especialmente para tu salud.

El aire que respiramos es nuestro salvavidas. Simplemente no podemos existir sin él. La forma en que absorbemos ese aire que preserva la vida tiene un impacto significativo en nuestro bienestar. ¿No tendría sentido, entonces, utilizar ese elemento que da vida para mejorar nuestro bienestar? Es posible hacer esto. De hecho, es un paso necesario que debes tomar, como parte de tu programa de autodisciplina positiva.

EL ARTE DE LA MEDITACIÓN:

La meditación puede ser algo que se relacione con los monjes, o aquellos que practican yoga.

P - ¿Por qué la gente practica el arte de la meditación?

R - Es una herramienta útil para la

relajación instantánea.

A medida que avanzas en tu trabajo diario, tiene sentido tener algunos trucos bajo la manga. Estas serán formas que te ayudarán a lidiar con el conflicto y el estrés. En tu intento de convertirte en una mejor persona, tales formas antiguas resultarán ser herramientas útiles para tu objetivo. Echemos un vistazo a algunos de los métodos:

MEDITACIÓN CONSCIENTE:

Este es un gran activo para el alivio del estrés instantáneo. La razón de este tipo de ejercicio es ayudar a alejar tu mente de cualquier situación estresante que experimentes. No es fácil al principio, necesitarás practicar esa paciencia.

Cierra los ojos y lleva tu mente a un lugar mejor, como una playa, el mar, un bosque. Al principio, puede parecer extraño intentar hacer esto en medio de una crisis. Con la práctica, pronto te darás cuenta de que puedes desconectarte de tu entorno.

Aprenderás a visualizarte en un lugar tranquilo y relajante. Todo lo que debes hacer es concentrarte en tu mente, por unos minutos.

Al hacer esto, estás enviando mensajes más tranquilos a tu cerebro. Esto evitará que tu cuerpo produzca esos químicos de "lucha o huida". Cuando adquieras más experiencia, ayudarás a que tu ritmo cardíaco disminuya, tu sistema digestivo no estará en nudos con el estrés. Habrá muchos beneficios para mantener la calma. Puedes lograr esto, simplemente canalizando pensamientos calmantes.

TÉCNICAS DE RESPIRACIÓN:

Junto con las sesiones de meditación, también debes comenzar a practicar técnicas de respiración. Estos son simples y muy beneficiosos para el alivio del estrés.

Cierra los ojos y respira profundamente por la nariz. Respira ese aire fresco en tus pulmones. Mientras lo haces, deja que tu estómago se expanda. Luego canaliza el aire para que tu pecho se levante. Tus pulmones ahora están llenos de aire. Mantenlo ahí por 5 segundos.

Luego deja que todo el dióxido de carbono salga por la boca. Ese aire que acabas de tomar, ahora está ayudando a mantener tus órganos, particularmente tu cerebro. Cuando lo respires, piensa en ello como alejar cualquier pensamiento negativo que haya en tu cabeza.

Estas son dos técnicas útiles de relajación que puedes realizar en cualquier lugar y en cualquier momento. En un autobús, en la oficina, incluso puedes hacer la técnica de respiración cuando caminas por un centro comercial. Todo añadiendo a tu relajación.

RELAJACIÓN MUSCULAR:

Agrega a estos ejercicios diarios de meditación y método de respiración controlada, aprendiendo cómo hacer un escaneo corporal. Esto se realiza mejor en una mañana o en una tarde, pero debes hacerlo al menos una vez al día. Es fácil, por lo que no tienes excusa para no introducir este ejercicio de relajación en tu régimen diario.

Es mejor hacerlo acostado, pero si te sientes estresado en una emergencia, puedes hacerlo sentado o incluso de pie, siempre que puedas cerrar los ojos.

Relaja cada parte de tu cuerpo lo mejor que puedas. Comienza con unos minutos de la técnica de respiración.

Incluso podrías hacer un poco de meditación consciente.

Piensa en la parte inferior de tu cuerpo, moviendo los dedos de los pies, y NO muevas nada más. Enfoca tus pensamientos solo en tus pies. Estira todos los músculos diferentes de cada pie. Gira el pie alrededor si el calambre te agarra. DETENER.

Ahora mueve tus pensamientos un poco más arriba, hacia tus tobillos, y gira tus pies en círculos. Enfoca tu mente en la articulación de tu tobillo. DETENER.

Ábrete camino por tu cuerpo. Sólo la parte en la que te estás enfocando debería estar en movimiento. Aprieta los músculos detrás de tus espinillas, luego en tus muslos, parte inferior, estómago. Ábrete camino por tu cuerpo.

Cuando llegas a tus extremidades, como las piernas y los brazos, puedes mover ambos al mismo tiempo, a menos que tengas suficiente tiempo para concentrarte en uno a la vez.

Cuando llegas a tus ojos, al abrirlos y cerrarlos, casi has completado el escaneo corporal. Imagina que todos los dolores y molestias que has sentido durante el día acaban de llegar a tu cerebro mientras lo escaneabas. Finalmente, respira profundamente hacia adentro por la nariz. Cuenta hasta 5. Luego deja salir todos tus pensamientos mientras exhalas el aire por la boca. Respira hondo por la nariz y exhala por la boca antes de terminar.

Con práctica, el escaneo corporal es una manera brillante de librarse de cualquier problema o preocupación. Puede tomar media hora, o solo un par de minutos, lo que el tiempo lo permita. Lo que deberías haber logrado, es alejar los pensamientos negativos y el estrés de tu mente.

El escáner corporal no solo es bueno para tu bienestar mental. Has estado tirando y estirando los músculos. Esta es una técnica increíble para desenrollar cualquier tensión física que ni siquiera sabías que tenías. También puede ayudar con esos dolores de cabeza.

Por supuesto, el estrés no se queda para siempre. Es bueno aprender muchas técnicas pequeñas de meditación, para ayudar a superar tu día, de una manera positiva.

Puede hacer el siguiente ejercicio sentado, de pie o acostado:

• Mueve tu cabeza hacia un lado. Tira de la cabeza para que sientas que se estiran los músculos de la parte posterior del cuello. Mantenlo ahí por 5 segundos. Repite en el otro lado. Haz esto por lo menos 5 veces por cada lado.

- Masajea el puente de tu nariz y el pómulo, con los dedos.

- Mueva tu cabeza en movimiento lento y circular hasta que hayas completado el círculo. Mientras lo haces, masajea la parte posterior de tu cuello con la punta de los dedos.

Estirar los músculos, y un suave masaje con los dedos, pueden ser excelentes calmantes para el estrés. La tensión del cuello puede provocar dolores de cabeza, así que aprende a aliviar las tensiones en tu cuello. Levanta los hombros, luego enróllalos hacia delante y luego hacia atrás.

La tensión de la mano puede ser un obstáculo si trabajas con las manos, como un mecanógrafo. Aprende ejercicios pequeños para darles un descanso bien merecido, como: Haz un puño y luego presiona todos tus dedos en forma de estrella. Repite un par de veces hasta que tu mano tiemble de alivio.

Sé más consciente de lo que tu cuerpo te está diciendo a lo largo del día. Por ejemplo, ¿aprietas los dientes sin siquiera darte cuenta de que lo estás haciendo? Pronto sabrás la respuesta una vez que comiences a enfocarte en tu propio cuerpo. El estrés hace cosas terribles para el sistema digestivo. Aprende cómo hacer que tu cuerpo se relaje de la manera que hemos discutido, y tu intuición funcionará mucho mejor.

Capítulo 6 - Cambia tus hábitos de consumo

El título de este capítulo parece bastante ominoso, pero es el camino de los países industrializados modernos.

EL IMPACTO DEL CONSUMO HUMANO:

Cuando somos jóvenes, asistimos a la escuela para obtener una educación. Algunos luego van a la universidad, para promover esa educación en campos más especializados para sus carreras.Como adultos, esa educación puede ayudar a encontrar un empleo remunerado. Con los ingresos del empleo, nos esforzamos por mejorar nuestro disfrute de la vida.

Ahora, podemos costear los últimos aparatos y lujos. No se detiene ahí, porque cuanto más tenemos, más queremos. Nos obsesionamos con nuestra propia codicia adictiva para encontrar la felicidad de esta manera. Bienvenidos al mundo del consumismo.

No hay felicidad a largo plazo al tener un televisor más grande, un automóvil más rápido o un sistema informático más elegante. Sin embargo, nos quedamos ciegos por la necesidad de los artículos más nuevos, más rápidos y de moda. Los gadgets consumen al consumidor. ¿A qué costo tiene este consumismo en nuestro mundo?

Para hacer todo lo que consumimos, hemos producido enormes fábricas de contaminación. Envenenan el mismo aire que respiramos. Comemos y bebemos hasta la glotonería. A menudo, sin preocuparse por el bienestar de los animales, o los resultados de esa codicia sobre nuestra propia salud.

En cada avenida posible, tomamos recursos naturales, como el gas y el carbón, de nuestro planeta. Luego los usamos para nuestra propia auto-gratificación, como manejar nuestros autos o mantener calientes todas las habitaciones de la casa. Arruinamos nuestro ecosistema, todo en nombre del consumismo.

Finalmente, tenemos la audacia de negar que hemos desempeñado algún papel en la destrucción de nuestro planeta. Una destrucción que está causando la extinción de muchos animales que comparten esta tierra con nosotros. Es cierto que los humanos no usan la increíble inteligencia con la que nacen, por las razones correctas. En su lugar, lo convertimos en creación de lujos para nosotros mismos, hasta el punto de la auto-gratificación, independientemente del daño a nuestro medio ambiente.

Nos hace interesante la lectura, ¿verdad?

APRENDIENDO A AMAR TU MUNDO:

No puedes amar a nadie ni a nada, a menos que comprendas completamente de qué se trata el amor. Practicar el desinterés, dar y compartir, apoyar y ser dignos de confianza. Debes aprender el significado mismo de esta emoción y permitir que crezca dentro de tu mente. Debes practicar lo que has aprendido, y luego compartirlo y difundirlo entre tus semejantes.

P: ¿Cómo puede alguien aprender a amar cuando la avaricia y el odio nos rodean?

R - Elevándose por encima de la naturaleza adictiva de la codicia, y enseñando a los que pasan en tu vida, a tener en cuenta lo que hacen.

En este libro, he enfatizado la necesidad de autodisciplina en muchas partes fundamentales de tu propia vida. Lo que comes, cómo te ejercitas. Luego, te pedí que progresaras más allá de estos conceptos básicos aprendiendo todo acerca de tu ser interior. Practicar la bondad, el perdón y la empatía todos los días de tu vida.

Abrazando este nuevo estilo de vida para tu propia cordura y felicidad.

Practica el cuidado de tu propia salud, para

que luego puedas obtener la información para cuidar de los demás. Una vez que te conviertas en esa persona que SÍ se preocupa por los que te rodean, entonces también puedes comenzar a preocuparte por el mundo. Solo entonces encontrarás esa profunda satisfacción que la vida puede traer, si la permites.

ENTENDIENDO LA NATURALEZA:

Cada uno de nosotros es una sola criatura viviente. Tenemos poco control sobre los gobernantes y los políticos, que permiten daños al medio ambiente en nombre del consumismo. Donde sí tenemos control, es sobre nuestra propia existencia individual. Cada uno de nosotros puede desempeñar un pequeño papel en la etapa de la vida. Ese rol es importante, incluso si todo lo que tienes éxito es ser una buena persona. Una persona que no abusa de la tierra, o de las personas y animales que viven de ella.

Huele ese aire cuando estás junto al mar. Ese mismo aire que contaminamos en la fabricación de bienes.

Mira el poder de las olas golpeando a tus pies. Dentro de esas mismas olas vive un conjunto dinámico de formas de vida. Seres que se envenenan con los contaminantes que alimentan nuestro consumismo.

Mira de cerca los árboles y respeta cómo son nuestra propia línea de vida. En cierto sentido, son los pulmones de la tierra. Proporcionan aire limpio, al absorber el monóxido de carbono y otros gases dañinos. Entonces, nos proporcionan oxígeno. Algunos creen que un solo árbol puede proporcionar suficiente aire para 4 personas por un día. La naturaleza nos proporciona un entorno que nos permite desarrollarnos. No lo arriesguemos con nuestra codicia.

Solo respetando nuestro mundo, el planeta tierra, ¿aprenderemos a estar en paz con la naturaleza? Solo necesito decirte una palabra para demostrar cómo la humanidad y el consumismo han dañado al mundo, esa palabra es "plástica". Ese es nuestro legado a la tierra, una sustancia que durará cientos, si no miles de años. Envenena nuestra tierra y mares, y es perjudicial para otras criaturas que comparten el mundo con nosotros.

Tu puedes hacer una diferencia, si cambias tu estilo de vida ahora.

Aprende a hacer sin esas cosas que REALMENTE no necesitas:

• De acuerdo, es difícil no necesitar un automóvil para ir de A a B, pero no tiene que ser un bebedor de gasolina.

• Claro, ver televisión, es una excelente manera de desconectar, pero pregúntate cuántos paquetes de televisión realmente necesita.

• Hacer recortes financieros para levantar las tensiones en tu presupuesto.

• No estoy diciendo que te conviertas en vegetariano, sino que reduzcas el consumo de carne, por el bien de los animales de granja que a menudo son maltratados.

• A quién le importa si los lujos se vuelven más caros. Eso es bueno, así que solo los compraremos ocasionalmente.

Conviértete en una mejor persona, y vivirás una vida más rica, y los que te rodean también serán más ricos, por conocerte. La riqueza no se cuenta necesariamente en términos monetarios; Puedes ser rico de la experiencia del amor y la bondad. Entonces, puedes devolverlo a cambio. Sé que no puedes amar a un extraño, y eso sería algo extraño. Lo que puedes hacer, sin embargo, no es juzgar a ese extraño sobre su forma de elegir vivir sus vidas.

Todo lo que cada uno de nosotros puede hacer, en nuestro corto tiempo en esta tierra, es hacer todo lo posible para ser una persona realmente buena. Comienza con todas las formas que discutimos en este libro.

Conclusión

El significado de la vida es un concepto difícil de definir, ya que puede ser una experiencia diferente para cada uno de nosotros. No estamos en esta tierra por mucho tiempo, en comparación con la edad del universo mismo. Una vez que hayas tomado el control de la rueda, como adulto, es un momento excelente para llenar tu vida con alegría y amor. Luego, compártelo y distribúyelo, ayudará a hacer del mundo un lugar mejor para vivir.

En este libro, he hablado acerca de las formas de hacer que suceda, para que no estés rodeado de miseria y dolor. Significa tomar responsabilidad por tus propias acciones. Aceptar el fracaso como parte de las lecciones de la vida y no sentirnos ansiosos por ello.

www.ingramcontent.com/pod-product-compliance
Lightning Source LLC
LaVergne TN
LVHW020423080526
838202LV00055B/5009